AF454618

CHEMINS DE FER

DU

NORD DE LA FRANCE.

CHEMINS DE FER

DU NORD DE LA FRANCE,

LIGNE DE PARIS A LONDRES.

EXAMEN DES SYSTÈMES DE TRACÉ,
L'UN CIRCULAIRE ET L'AUTRE INTÉRIEUR.

Nouvelle direction

SUR CALAIS ET SUR BOULOGNE,

PAR C. PODEVIN,

MEMBRE DU CONSEIL D'ARRONDISSEMENT DE BOULOGNE-SUR-MER.

> Le transport des marchandises crée la richesse ; celui des hommes n'enfante ni plus ni moins que la civilisation.
> MICHEL CHEVALIER.

Paris.

IMPRIMERIE D'ÉDOUARD PROUX ET Cᵉ,

RUE NEUVE-DES-BONS-ENFANS, 5.

1843.

SOCIÉTÉ CENTRALE

D'AGRICULTURE ET D'HORTICULTURE

DE L'ARRONDISSEMENT DE BÉTHUNE.

Séance du 18 *décembre* 1842.

La Société centrale d'agriculture et d'horticulture de l'arrondissement de Béthune, sur le rapport d'un Mémoire qui lui a été adressé par M. Podevin, membre du conseil d'arrondissement de Boulogne, concernant la direction de l'embranchement du chemin de fer de Paris à la Belgique sur le littoral du Pas-de-Calais,

Considérant que ce travail, qui a pour but de prouver, ainsi qu'y a déjà conclu la société dans une précédente délibération, que le tracé par Béthune, Aire, St-Omer, est le seul qui puisse concilier les intérêts généraux de la France avec ceux du département, indique en même temps une direction sur Boulogne et sur Calais, qui placerait ces deux villes dans des conditions d'égalité parfaite et convenable à leurs intérêts particuliers et respectifs ;

La Société arrête qu'une copie de ce Mémoire sera adressée, avec la présente délibération, à M. le ministre des travaux publics, et à M. le ministre de l'agriculture et du commerce, en les priant de vouloir bien faire étudier un projet qui paraît devoir satisfaire tous les intérêts réels du pays, ainsi que les prétentions contradictoires qu'a pu jusqu'à ce jour soulever la question du tracé de l'embranchement du chemin de fer vers le littoral du Pas-de-Calais.

Pour extrait conforme :

Le Secrétaire de la Société,

DORESMIEULX.

AVERTISSEMENT.

L'auteur de cet écrit, en consacrant quelques lignes à la défense des intérêts du département du Pas-de-Calais, vient acquitter une dette de reconnaissance envers ceux des habitans de l'arrondissement de Béthune, qui lui ont témoigné leur bienveillance en faisant rejaillir sur lui un reflet de l'estime qu'ils accordaient à la personne de son père, ancien administrateur de ce département (1).

C'est avec défiance qu'il aborde la question du chemin de fer de Paris au littoral de la

---

(1) Secrétaire-général des commissions qui, en l'an III, représentaient les ministères de la justice, de l'intérieur et de la police; en l'an VIII, commissaire du gouvernement près l'administration centrale du département du Pas-de-Calais, fonctions qui sont aujourd'hui celles de préfet, et sous-préfet à Béthune jusqu'à 1813, époque de sa mort.

(Voir la *Biographie nouvelle des Contemporains*, par Jay-Jouy.)

Manche. Cette question, que l'on débat depuis long-temps, semble épuisée, et cependant les inconvéniens attachés aux chemins de fer sollicités par Boulogne et par Calais subsistent toujours. Il espère, par le nouveau tracé qu'il présente, mieux satisfaire les intérêts généraux, concilier les prétentions rivales de Calais et de Boulogne, et assurer au département un nouvel élément de prospérité.

Ancien élève de M. Dinet, examinateur de l'École polytechnique, il a cherché à utiliser quelques notions de nivellement et de trigonométrie dans la détermination du tracé qu'il propose.

Son intention n'est pas de prendre spécialement la défense de la ville de Calais, qui pourra ne pas être entièrement satisfaite des jugemens qu'il portera dans les développemens des questions qu'il va traiter, aux points de vue des intérêts du plus grand nombre.

CHAPITRE PREMIER.

Chemins de Fer.

La France forme des vœux pour la prompte réalisation des chemins de fer qui doivent la sillonner.

On apprécie l'immense différence qui existe entre les dépenses productives et celles qui sont improductives. Personne n'ignore qu'un capital qui rapporte dix pour cent est un capital plus que doublé, et non un capital consommé. Il est des emplois de fonds qui, pour les gouvernemens, sont des causes de richesse et de prospérité ; assurément la création des canaux et des chemins de fer sont de ce nombre.

Il faut espérer que l'on ne mettra pas à confectionner les chemins de fer la lenteur préjudiciable qui nous a privés si long-temps de nos voies de navigation. On sera frappé de l'activité des autres puissances. La Belgique, l'Allemagne se couvrent de lignes de fer : l'Angleterre a donné l'exemple ; les États-Unis d'Amérique, de 1817 à 1838, ont exécuté trois mille lieues de canaux et de chemins de fer; c'est autant qu'il y en a dans l'Europe entière.

Il est reconnu que le perfectionnement des voies de communications, leur facilité, qu'en un mot tout ce qui diminue les frais de déplacement a la plus grande influence sur la richesse publique. La modicité des prix de transport est l'une des causes principales de la supériorité industrielle de l'Angleterre. Là, tout industriel trouve, pour ainsi dire à sa porte, un canal ou un excellent chemin.

Nous continuerons à améliorer nos voies de navigation et nous nous attacherons à terminer promptement nos lignes de fer les plus importantes.

Les chemins de fer sont les meilleurs moyens de communications pour les personnes, les canaux le sont pour les choses. Tous deux ont leur principale destination et peuvent prospérer sans se nuire. Les frais de transport par canaux coûtent moins, ils continueront à avoir la préférence pour la plupart des marchandises qui exigent peu de célérité ou qui sont pesantes. Les personnes choisiront les chemins de fer, dont la rapidité est de 8, 10, 12 lieues à l'heure.

L'État trouvera d'importans avantages à établir des lignes de fer. Les routes royales lui coûtent par lieue environ 70,000 francs : cette somme, une fois dépensée, à laquelle il doit ajouter aussi par lieue 2,300 à 3,000 francs d'entretien annuel porté au budget, ne lui rentre plus d'une manière directe.

En créant des chemins de fer, le Trésor public recouvrera en peu d'années les frais d'établissement, capital et intérêts, en percevant sur chaque voyageur une légère rétribution, jointe à celle qui doit couvrir les frais de locomotion, d'entretien, et le bénéfice de l'exploitant.

La Belgique nous a montré un exemple qu'il est bon de suivre. Avec des tarifs peu élevés, puisque les prix par voyageur sont réduits à 0f,108 par lieue de quatre kilomètres, la Belgique rentrera dans les frais du chemin de Bruxelles à Anvers en moins de huit ans, et si l'on calculait l'accroissement des recettes du tresor belge en impôts mobilier, des portes et fenêtres et des patentes ; en droits d'enregistrement, d'hypothèques, de timbre ; en droits indirects, etc..., on trouverait peut-être que la durée de l'amortissement n'est que de deux ou trois ans (1).

Les chemins de fer sont des moyens de transport

---

(1) M. Vallée, *Exposé général des Etudes de Chemins de fer*, page 105.

perfectionnés et économiques qui doivent d'abord être établis là où les populations sont assez nombreuses pour que le fréquent usage de ces chemins soit assuré. Alors, plus on réduira les tarifs, plus ces lignes seront fréquentées, et l'on pourra abaisser progressivement les prix dans une proportion relative au nombre de voyageurs, de manière que les bénéfices de l'exploitant et la redevance à l'État qui aura fourni les fonds de premier établissement, restent toujours les mêmes, ou dans des limites convenables. Ainsi toutes choses égales d'ailleurs, ce ne peut être que dans les localités comptant de nombreuses populations que les tarifs du chemin seront peu élevés ; on facilitera ainsi non seulement les échanges, mais on les rendra moins dispendieuses.

Je ne prétends pas que l'État doive renoncer aux lignes de fer dans les pays moins peuplés quand ces lignes présentent un but d'utilité incontesté ; seulement je pense qu'il doit les établir d'abord dans les lieux où elles offrent de plus sûrs bénéfices, afin de jouir plus tôt de la rentrée de ses fonds et de se ménager la posibilité de créer de nouveaux chemins ; le gouvernement, qui souvent s'est enquis des meilleurs encouragemens à donner à l'agriculture, a dû recevoir souvent des réponses semblables à celle que j'exprime ici : *Procurez de plus faciles communications.*

Espérons que nos hommes d'État, moins occupés par les discussions de la tribune, pourront incessamment consacrer tout le temps que réclament nos intérêts matériels à leur donner de nombreux développemens, surtout désirables sous le rapport de l'amélioration de la petite vicinalité.

CHAPITRE II.

Ligne de Paris à Londres.

Dans quatre ou cinq ans toute la Prusse sera sur le Rhin. La ligne de Paris à Bruxelles exige donc la plus prompte exécution, et le tracé de Paris au littoral du Pas-de-Calais devra être terminé dans le même délai. La partie commune de ces deux lignes sera alors assez fréquentée pour y établir des tarifs aussi bas que ceux de Belgique, point essentiel; et le nombre seul de voyageurs permet ce résultat, sans préjudice pour le Trésor public.

Incessamment Londres sera lié à Douvres par un chemin de fer de 96,000 mètres; reste à trouver le meilleur moyen de rapprocher Douvres de Paris.

Avant de discuter les différens systèmes proposés, faisons observer qu'il serait urgent que l'on pût, dans la saison ordinaire des voyages, se rendre de Paris à Londres et de Londres à Paris dans la même journée. Pour qu'il en fût ainsi, il faudrait chercher à franchir le détroit du Pas-de-Calais dans le plus bref délai possible ; il faudrait qu'aucun obstacle ne vînt retarder l'embarquement et la traversée. Dans ces conditions, treize ou quatorze heures suffisent pour aller de Paris à Londres.

Les deux ports de Calais et de Boulogne se disputent le passage entre la France et l'Angleterre.

Ils obtiennent un égal partage des nombreux voyageurs qui, par Douvres, traversent le Pas-de-Calais. Ce partage s'est ainsi fait dans la période des cinq dernières années, de 1837 à 1842.

Venant de Douvres à Calais,,	34,806	passagers.
Id. à Boulogne,	31,737	—
Différence en faveur de Calais,	3,069	—
Allant à Douvres, de Boulogne,	37,591	passagers.
Id. de Calais,	29,564	—
Différence en faveur de Boulogne,	8,027	—

Je ne m'arrêterai pas à discuter si les distances

entre l'Angleterre et les ports de Calais et de Boulogne se franchissent actuellement en plus ou moins de temps.

Il me suffit de faire remarquer, ce que le nombre de passagers constate et ce que d'ailleurs la chambre de commerce de Boulogne reconnaît, que les deux ports de Boulogne et de Calais sont utiles, je pourrais même dire nécessaires, pour assurer des communications rapides et régulières entre la France et l'Angleterre.

Cette nécessité est plus apparente encore si l'on considère : que lorsque le mauvais temps empêche d'aborder l'un de ces ports, ou de le quitter, il est toujours possible d'entrer dans l'autre, ou d'en sortir avec facilité.

Aussitôt que les chemins de fer seront créés, les paquebots de Calais et de Boulogne, qui, pour profiter chaque jour des courans des marées, varient les heures de départ, n'auront plus cette faculté; quand les convois arriveront de Paris à une heure déterminée, ils devront, conformément à cette arrivée, partir toujours à la même heure, afin de satisfaire les nombreux voyageurs qui doivent désirer atteindre Londres dans la même journée. Alors les courans du détroit, d'après les marées, seront alternativement pendant environ sept jours favorables, et pendant les sept jours suivans défavorables aux paquebots qui partent de chacun des ports de Calais et de Boulogne, de manière que lorsque ces courans accéléreront la traversée de l'un de ces ports, ils retarderont toujours celle de l'autre port.

Or, les paquebots qui partent de chacune de ces villes, abstraction faite des vents, auront à lutter une moitié de l'année contre des courans qui feront obstacle à leur marche, pendant que les paquebots de l'autre ville profiteront de ces mêmes courans pour atteindre rapidement la rive opposée.

Ces explications sont une nouvelle preuve de la nécessité de diriger le chemin de fer de Paris sur les deux ports.

Je ferai aussi une observation relative aux mauvais temps et aux tempêtes qui assaillissent les vaisseaux dans le détroit. Calais a, je pense, un avantage très marqué sur Boulogne. Calais est un port de refuge lorsque le vent règne dans la région de l'Ouest, tandis que Boulogne ne peut l'être que lorsque le vent souffle de la direction de l'Est; mais comme les vents de l'Ouest règnent plus fréquemment que ceux de l'Est (1), le port de Calais est plus ordinairement un abri que celui de Boulogne.

La plupart des ouragans qui se sont fait sentir sur nos côtes, sont venus de la région de l'Ouest: tels le 18 brumaire an IX, les 18 février et 2 no-

---

(1) Dans l'année 1841, les vents participant de l'ouest ont souf-
flé 221 jours (*Mémoire de Boulogne*), ou 271 jours (*Mémoire de Calais*).

vembre 1807; presque tous ces météores désas-
treux commencent avec le flux et finissent ordinairement avec le reflux de la mer. Ils naissent donc
quand le courant de l'Ouest à l'Est porte tous les
vaisseaux du détroit sur Calais, qui est alors un
port de salut et de facile accès.

CHAPITRE III.

Ligne de Paris au littoral de la Manche.

SECTION Ire.

J'ai suffisamment établi, dans le chapitre précédent, que le chemin de fer de Paris au littoral de la Manche devait parvenir aux deux ports de Calais et de Boulogne. Deux autres conditions devront aussi être remplies.

Il faut 1° que les pentes de ce chemin aux deux ports soient faiblement inclinées, pour que les convois de Paris à Amiens ou Arras puissent parcourir l'embranchement du littoral avec une égale facilité.

2° Que ce chemin soit dans des conditions telles, que le tarif des frais de transport des voyageurs ne puisse dépasser ceux de la Belgique, afin que les chemins belges n'obtiennent pas la préférence, dans beaucoup de circonstances, sur notre ligne française, autrement la diminution du nombre de voyageurs rendrait les bénéfices moindres, ayant pour conséquence d'élever nos tarifs au détriment de nos populations qui fréquentent cette ligne, et du commerce national qui lui confie ses marchandises.

Deux systèmes rivaux de chemin de fer sont en présence (fig. 1re) : 1° L'un proposé par Boulogne, que j'appelle *circulaire*, parce qu'il forme une ligne de ceinture longeant la côte et la frontière de Belgique. Cette ligne se sépare de celle de Paris à Lille près d'Amiens, elle traverse Abbeville, Boulogne et Calais ; et dans le but de lier Lille aux ports du Pas-de-Calais, le chemin se dirigerait, en suivant le littoral de la mer, vers Gravelines et vers Dunkerque ; en côtoyant la frontière de Belgique, il atteindrait Lille.

2° L'autre proposé par Calais, que j'appelle *intérieur*, parce qu'il part d'Arras et se porte en rayonnant de différens points, toujours à l'intérieur et au milieu du pays, tantôt vers Boulogne ou vers Lille, tantôt vers Calais et vers Dunkerque. Ce chemin a pour but, comme le précédent, de lier Paris et Lille aux ports du Pas-de-Calais. Il se sépare de la ligne de Paris à Lille seulement à Arras, passe à

Béthune, Aire, Saint-Omer et Watten. Il rayonne sur Lille par une branche partant d'Aire, et sur Boulogne par une autre partant d'Arques, près Saint-Omer ; il parvient à Calais et à Dunkerque par deux rayons partant de Watten.

Les graves inconvéniens que renferment ces systèmes, peuvent arrêter le gouvernement dans la détermination de son choix.

Le système circulaire paraît défectueux sur trois points principaux parmi beaucoup d'autres.

Le premier, qui a été tant de fois signalé, est que, de Dunkerque à Lille, il est parallèle à la frontière de Belgique et à très petite distance de celle-ci, ce qui rend cette portion de chemin inadmissible.

Le second, c'est que, de Dunkerque à l'embouchure de la Somme, sur une distance de plus de cent trente kilomètres, il longe le littoral et que la mer ne lui donnera pas assez de produits pour permettre d'y établir des tarifs aussi bas que ceux de Belgique, ce qui sera facile au système intérieur.

Et le dernier, celui qui est capital et qui seul suffirait pour le faire rejeter, c'est qu'un coup de canon tiré contre l'Angleterre fermerait nos ports, comme nous en avons eu un déplorable exemple, annulerait leur commerce, et forcerait de mettre sous la remise la plus grande partie des locomotives de Dunkerque à l'embouchure de la Somme.

Le système intérieur, quoique mieux conçu dans son ensemble et tel qu'il est proposé aujourd'hui, est incomplet.

Ce système ne dessert Boulogne, par l'embranchement d'Arques, que d'une manière presqu'impraticable ; de sorte que Boulogne, ville de trente mille âmes, payant 354,000 francs de contributions directes au Trésor ; la plus peuplée du département, sans canaux pour le transport des objets de son commerce ; ville de luxe et de passage, dont le port amélioré a de l'importance par sa grande profondeur d'eau, serait privée de l'avantage du chemin de fer ; elle serait inévitablement ruinée.

L'intérêt général exige-t-il ce sacrifice ?

Pour concilier tous les intérêts, je viens proposer une nouvelle direction du chemin de fer vers Calais et vers Boulogne. Cette dernière ville, pourra, par ce moyen, profiter de tous les avantages du système intérieur.

Partant d'Arras, ce chemin passerait à Béthune, Lillers, Aire et Saint-Omer ; de Saint-Omer il irait à Moulle et de Moulle à La Récousse : là il se bifurquerait ; l'une de ses branches se dirigerait vers Ardres et irait à Calais ; l'autre se rendrait à Boulogne par le faîte de Caffiers.

Cette direction n'exigerait *aucun souterrain*, et la plus grande pente n'excèderait pas 3 millièmes 1[2.

Par cette voie, les villes de Calais et de Boulogne seraient également bien desservies. Les pentes, ainsi inclinées, seraient très douces, ce qui est une base essentielle de la parfaite confection du chemin de fer de Paris au littoral du Pas-de-Calais.

L'embranchement sur Dunkerque n'éprouverait aucun changement.

SECTION II.

DESCRIPTION DU NOUVEAU TRACÉ DE CHEMIN DE FER INTÉRIEUR.

On n'a pu, jusqu'à ce jour, donner à Boulogne de communications avec la ligne de fer intérieure, que par un embranchement partant d'Arques près Saint-Omer. La plus grande longueur de ce chemin est formée de pentes de 5 millièmes ; et, malgré ces pentes trop rapides, il exige encore, au Verval, un souterrain de près d'une lieue (3,600 mètres.) (Fig. 2). Il présente de telles difficultés, que tout le monde s'accorde à trouver ce chemin impraticable.

La nouvelle direction que je propose vers Boulogne n'a aucun des inconvéniens signalés plus haut; elle n'éloigne pas Boulogne de Paris plus que l'embranchement d'Arques, et elle a l'avantage précieux de n'établir que des pentes de 3 millièmes 1[2, qui pourraient, je crois, être réduites à 3 millièmes, en faisant un ou deux souterrains de peu d'étendue.

Ce chemin (fig. 3) se séparerait, à Moulle, du tracé venant de Saint-Omer, fixé par les plans de

M. Vallée, à une hauteur de 7 m. 07 c. au dessus
du niveau de la mer. Il se dirigerait, avec une
rampe de 3 millièmes, vers Éperlecques, ensuite
vers l'église de Bayenghem, et, après avoir parcouru
7,200 mètres, il parviendrait à Quembergue, au
sud du point marqué 41 mètres de hauteur sur la
carte du dépôt de la guerre; il s'y trouverait à une
hauteur de 28 m. 67 c.

De là, en passant très près de l'église de Nordaus-
ques, il descendrait à La Récousse, commune de
Zouafques, sur 1,760 mètres de longueur, avec une
pente de 1 millième 40. Il franchirait la rivière la
Hem à La Récousse, un peu plus bas que le point
marqué 19 mètres sur la carte, et à une hauteur
de 26 m. 20 c. au dessus du niveau de la mer.

La plus grande hauteur de remblai de ce passage serait d'environ 8 mètres.

En cet endroit le chemin se bifurquerait. On ferait un embranchement sur Calais et un autre
sur Boulogne. Nous allons décrire ce dernier.

Cet embranchement (fig. 3) se porterait presqu'en ligne droite sur le Ventus de Caffiers avec
une rampe de 3 millièmes 1\2, laissant à gauche
le bois du parc, s'avançant vers le village de Landrethun-lez-Ardres, et, après avoir parcouru sans
obstacle une longueur de 9,280 mètres, il passerait
à une hauteur de 58 m. 68 c. près le moulin de
ce village, coté 60 mètres sur la carte.

De ce point, toujours avec la même rampe, il se
dirigerait sur Bouquehant, laisserait Campagne à sa

droite et, traversant la forêt de Guines, il atteindrait le ventus de Caffiers, en tournant à gauche dans une petite vallée qui prend naissance à l'est des haies du ventus. Après s'être développé depuis La Récousse sur une longueur de 18,800 mètres et s'être élevé au dessus de la mer de 92 mètres, ce chemin franchirait le faîte de Caffiers au point marqué 115 mètres sur la carte du dépôt de la guerre; mais en consultant le plan donné par M. Vallée, de son chemin de Samer à Calais, l'élévation du faîte de Caffiers serait de moins de 110 mètres.

Ainsi la plus grande hauteur de tranchée de ce passage sera de 18 ou 23 mètres sur le point culminant.

Le chemin descendrait ensuite, avec une pente de 3 millièmes 1\|2, à l'ancienne abbaye de Beaulieu, commune de Ferques, au point marqué 85 mètres sur la carte. Il traverserait le ruisseau à niveau et avec la même pente de 3 millièmes 1\|2; il se dirigerait contre les carrières de pierre de Stinkalk vers Loquinghen, en passant par la vallée d'Élinghen et en franchissant en remblai le ruisseau des Crembreux. Ensuite il s'avancerait vers l'est du bois des Roches, commune de Rely, après avoir parcouru, depuis Caffiers, 5,360 mètres de longueur. Il aurait, à ce bois, 73 m. 24 c. de hauteur au dessus du niveau de la mer, vis-à-vis le point marqué 82 mètres sur la carte.

A 320 mètres plus loin commencerait, avec

pente de 3 millièmes, une grande courbe de 3,465 mètres de rayon, traversant en remblai les affluens de la Slack, et en déblai les champs de Guelques, cotés 77 mètres sur la carte.

Elle se dirigerait sur l'ouest du mont Boquel, après avoir traversé le lieu dit les Carrières. Elle atteindrait ensuite, en traversant en remblai le haut de la Rebretingue, le côté nord de la montagne des Boucards, dont le faîte est marqué 73 mètres sur la carte.

A ce point, la courbe serait à 61 m. 86 c. au dessus du niveau de la mer, et elle aurait, depuis son commencement, 3,421 mètres de longueur. Elle monterait ensuite, avec une rampe de 3 millièmes, au dessus du hameau La Ronville, commune de Wierre-Effroi, et se terminerait, après 1,360 mètres, au chemin de Wierre au Wast, à une hauteur de 65 m. 94 c. au dessus du niveau de la mer.

Le chemin s'avancerait, avec une pente de 3 millièmes 112, vers le moulin à vent de Wierre-Effroi; laissant à gauche Hautembert, il couperait, près le Trou-d'Enfer, le faîte de la chaîne de montagnes qui encaisse la rivière le Wimereux, par une tranchée dont la plus grande hauteur serait de 14 ou 15 mètres; toujours avec la même pente, le chemin traverserait Foucauve et parviendrait à l'escarpement situé près le moulin à eau de Souverain-Moulin. Il traverserait, avec un fort remblai, la vallée du Wimereux d'environ 400 mètres de largeur, entre le moulin et le château et, de là, avec une rampe de 3 millièmes 1[2 sur une longueur de 3,680 mètres, il s'avancerait vers l'hermitage et le petit Rupembert, où il atteindrait une hauteur de 61 m. 20 c. au dessus du niveau de la mer.

Il franchirait, en remblai, un affluent du Wimereux, entre le petit Rupembert et la côte de Wicardenne; longerait cette côte et atteindrait Malboroug avec une courbe à inflexion en tranchée de 20 mètres, au point de la route royale de Calais à Boulogne, coté 86 mètres sur la carte du dépôt de la guerre.

Ensuite, avec une pente de 3 millièmes, le chemin se dirigerait vers le port de Boulogne, où l'on pourrait établir un plan incliné qui aboutirait au lieu dit le Jambon, près les bureaux de la douane.

La longueur de cette ligne, depuis La Récousse, est de 41,040 mètres.

Quelques points principaux de ce chemin ont seuls été étudiés. La description précédente, ainsi que le plan figuratif de la coupe longitudinale, n'ont que le but de démontrer la possibilité d'exécution de la ligne proposée, susceptible de nombreuses modifications de détails qui la rendraient préférable.

L'embranchement sur Calais, partant de La Récousse, ne présente aucune difficulté d'exécution.

Deux directions devront être nivelées, l'une passant à droite, et l'autre à gauche de la ville d'Ardres.

La première dirigerait son tracé sur la côte du

bois du Rossignol et vers un point de la route royale d'Ardres à Calais au Bois-en-Ardres, coté 6 mètres sur la carte du dépôt de la guerre, et se terminerait à Calais.

La seconde passerait contre la ville d'Ardres, irait à Guines, destinée à voir accroître sa prospérité qu'elle doit au canal qui rend cette ville l'entrepôt de tout le Boulonnais; le tracé traverserait ensuite les territoires des communes de Hames-Boucres, Saint-Tricât, Nielles, et aboutirait à la citadelle de Calais.

Je terminerai en indiquant un dernier embranchement qui devra être étudié. Il rallongerait le trajet de Calais à Paris; mais le gouvernement y trouverait l'avantage incontestable d'établir moins de kilomètres de chemins de fer.

Cet embranchement sur Calais se ferait au moulin à vent de Landrethun-lez-Ardres, ou à Bouquehaut; il se dirigerait vers Guines et vers Calais avec une pente de 3 millièmes 1₁2.

CHAPITRE IV.

Examen comparatif du système circulaire et de celui intérieur proposé.

La destination spéciale de ces systèmes présente un double problème à résoudre :

1° Union de Paris à Londres par les ports de Calais et de Boulogne ;

2° Union de Lille à la mer.

La solution du second problème a la même importance que celle du premier,

Lille est une ville de commerce et de fabriques, d'une population de cent mille âmes, ayant de nombreuses relations avec nos ports, principalement avec celui de Dunkerque qui lui fournit ses matières premières. L'Etat ne laissera pas cette capitale du Nord, changer ses rapports commerciaux, au préjudice de Dunkerque et au profit d'Anvers, aujourd'hui plus rapproché de Lille par les chemins de fer de Belgique.

Le chemin qui unirait Lille à la mer sera suivi par le plus grand nombre des voyageurs qui fréquentent Londres et Bruxelles, et qui de cette dernière ville se rendent en Allemagne.

Le gouvernement ne peut se dispenser d'examiner la question des chemins de fer sous le rapport des deux points de vue ci-dessus. Il doit donner la préférence au système qui en présentera la meilleure solution.

SECTION Ire.

COMPARAISON DES DÉPENSES.

Nous allons chercher quelle sera la différence des prix d'établissement des chemins nécessaires dans l'un et l'autre système.

Le système circulaire exigera :

D'Amiens à Boulogne.	121,000 m. (1)
De Boulogne à Calais.	34,400
De Calais à Dunkerque	58,800
De Dunkerque à Lille	73,610
Total.	267,810 mètres.

Le système intérieur exigera :

D'Arras à Calais	107,800 mètres.

Arras à Aire,	52,000 m.
Aire à Moulle,	24,600
Moulle à La Récousse,	8,960
La Récousse à Calais,	22,240
	107,800

La Récousse à Boulogne.	41,040 —
De Moulle à Dunkerque.	29,770 —

Moulle à Watten,	5,000 m.
Watten à Dunkerque,	26,770
	29,770

D'Aire à Lille.	46,200 —
Total.	224,810 mètres.

(1) Le chemin de fer de Paris à Lille passe à Longueau, près Amiens. Le chemin de Longueau à Amiens est une conséquence inévitable du chemin de fer de Paris à Lille et son accessoire ; c'est pourquoi je ne compte pas cette distance de Longueau à Amiens, de 4,000 mètres, dans les chemins à construire du système circulaire, mais bien dans les distances à parcourir de ce système.

Le système circulaire aura donc. . . . 267,810 m.
Et celui intérieur proposé 224,810

Différence en faveur du système intérieur, 43,000 m. de chemins de fer en moins à construire.

Si nous estimons à 400,000 fr. (1) le prix que coûtera en France le kilomètre de chemin de fer à deux voies, l'adoption du tracé intérieur produirait l'économie d'un capital de 17,200,000 fr. et si nous adoptons l'entretien annuel, fixé par M. Vallée à 3 fr. le mètre, nous aurons encore une économie annuelle de 129,000 fr., représentant un capital de. . . . 2,580,000 fr.

Total du capital économisé par le système intérieur proposé. . . 19,780,000 fr.

SECTION II.

COMPARAISON DES DISTANCES.

Examinons maintenant si la ligne intérieure qui produit une économie notable, n'offre pas dans

---

(1) J'estime le kilomètre à 400,000 fr., parce que le chemin de fer de Paris à Orléans reviendra à plus de 350,000 fr. le kilomètre, et que le chemin de Paris au Havre coûtera près de 450,000 fr. le kilomètre.

son trajet un avantage égal à celui que procure le trajet de la ligne circulaire.

Les tableaux suivans donnent pour l'un et l'autre tracé les distances que le voyageur aura à franchir s'il se rend de Paris ou de Lille à l'un des trois ports de Calais, de Boulogne ou de Dunkerque.

En partant de Paris, s'il choisit Calais, il aura à parcourir :

TRACÉ INTÉRIEUR.	k. m	TRACÉ CIRCULAIRE.	k. m
Paris à Longueau, près Amiens,	124,000	Paris à Longueau,	124,000
Longueau à Arras,	59,400	Longueau à Boulogne, par Abbeville,	125,600
Arras à Aire, par Béthune,	52,000	Boulogne à Calais,	34,400
Aire à Moulle, par St-Omer,	24,600		
Moulle à La Récousse,	8,960		
La Récousse à Calais, par Ardres,	22,240		
Total.	291,200	Total.	284,000

De Paris, s'il préfère aller à Boulogne, il aura à franchir :

TRACÉ INTÉRIEUR.	k. m	TRACÉ CIRCULAIRE.	k. m
Paris à La Récousse,	268,960	Paris à Boulogne,	249,600
La Récousse à Boulogne,	41,040		
Total.	310,000		

De Paris, s'il veut se rendre à Dunkerque, il aura à parcourir :

TRACÉ INTÉRIEUR.	k. m	TRACÉ CIRCULAIRE.	k. m
Paris à Moulle,	260,000	Paris à Arras,	183,400
Moulle à Watten,	3,000	Arras à Lille,	53,800
Watten à Dunkerque,	26,770	Lille à Dunkerque,	73,610
Total.	289,770	Total.	310,810

En partant de Lille, choisit-il Dunkerque ? Il aura à franchir :

TRACÉ INTÉRIEUR.	k. m	TRACÉ CIRCULAIRE.	k. m
Lille à Aire, par Mer-ville-St-Venant,	46,200	Lille à Dunkerque,	73,610
Aire à Moulle, par St-Omer,	24,600		
Moulle à Watten,	3,000		
Watten à Dunkerque,	26,770		
Total.	100,570		

De Lille, veut-il se rendre à Calais ? Il aura à parcourir :

TRACÉ INTÉRIEUR.	k. m	TRACÉ CIRCULAIRE.	k. m
Lille à Moulle,	70,800	Lille à Dunkerque,	73,610
Moulle à La Récousse,	8,960	Dunkerque à Calais, par Gravelines,	38,800
La Récousse à Calais,	22,240		
Total.	102,000	Total.	112,410

De Lille, préfère-t-il aller à Boulogne ? Il aura à franchir :

TRACÉ INTÉRIEUR.	k. m	TRACÉ CIRCULAIRE.	k. m
Lille à La Récousse,	89,760	Lille à Calais,	112,400
La Récousse à Boulogne,	41,040	Calais à Boulogne,	34,400
Total.	120,800	Total.	146,810

RÉCAPITULATION.

DISTANCE.	TRACÉ		DIFFÉRENCE EN FAVEUR DES TRACÉS	
	intér.	circul.	intér.	circul.
	k. m	k. m	k. m	k. m
Paris à Calais.	291,200	284,000		7,200
Paris à Boulogne. . .	310,000	249,600		60,400
Paris à Dunkerque . .	289,770	310,810	21,040	
Lille à Dunkerque . .	100,570	73,610		26,960
Lille à Calais.	102,000	112,410	10,410	
Lille à Boulogne . . .	120,800	146,810	26,010	

Il résulte du tableau qui précède, que la ligne intérieure place Boulogne à 60,400 mètres plus loin de Paris que la ligne circulaire; mais en compensation, cette première ligne rapproche Lille du port de Boulogne de 26,010 mètres, et si, dans le système intérieur, Dunkerque est plus éloigné de

Lille de 26,960 mètres , cette ville est plus rappro-
chée de Paris de 21,040 mètres.

Sous le rapport des communications de Paris
aux ports de Calais et de Boulogne, la ligne intérieure n'établit qu'une faible différence de 18,800
mètres au préjudice de Boulogne, entre les trajets
de chacun de ces ports à Paris, lorsque la ligne circulaire donne une différence presque double
(34,400 mètres) au désavantage de Calais ; de sorte
que le système intérieur que je propose a le mérite
de conserver à Calais et à Boulogne les positions
acquises à ces ports, sans nuire aux intérêts particuliers de chacune de ces deux villes , en maintenant une plus grande égalité dans le partage
qu'elles auront à faire des voyageurs qui passeront
de Douvres en France et de France à Douvres.

Sous le rapport des communications de Lille
aux ports de Dunkerque et de Calais, le système
intérieur place ces deux ports à une distance presqu'égale de Lille ; la différence qui existe ne présente pour Calais qu'une augmentation de distance
de 1,430 mètres, tandis que dans le système circulaire cette augmentation est de 38,800 mètres.

La différence de 18,800 mètres entre la distance
de Paris à Calais et celle de Paris à Boulogne, éloigne cette dernière ville ; mais elle est peu importante, puisque le temps que l'on mettrait à parcourir ces 18,800 mètres serait à peine d'une demi-
heure. Les frais de transport d'un voyageur ne de-
vant s'élever qu'à 0 fr. 03 c. par kilomètre, les voya-

geurs qui préféreront Boulogne à Calais n'auront à payer que 0 fr. 56 c. en plus. Pareille somme est trop minime pour nuire à Boulogne dans la concurrence que cette ville fait à celle de Calais.

Le tracé que je propose place sur la même ligne Calais, Boulogne et Dunkerque dans leurs rapports avec Paris. Sur cette direction, le commerce des villes de Calais et de Dunkerque vient avec chance égale faire concurrence à celui de Boulogne; et, d'un autre côté, sur la direction de Lille, cette dernière ville se trouve favorisée des ports de Calais, de Dunkerque, de Boulogne, et les deux premiers à distance égale lui procurent à l'envi ses approvisionnemens.

Ces nouveaux rapports s'établiront dans l'intérêt des voyageurs et des commerçans, ainsi que la chambre de commerce de Boulogne l'a démontré par les faits remarquables qu'elle a cités de la concurrence que son commerce a fait depuis quelques années à celui de Calais.

L'Etat, qui veille aux progrès de la prospérité publique, profitera de cet enseignement.

Le tracé circulaire, au contraire, ne présenterait aucune concurrence avantageuse au commerce de Paris, puisque Calais et Dunkerque seraient plus éloignés de la capitale que Boulogne, la première de 34,400 m., et la seconde de 61,210 mètres.

Dunkerque continuerait de jouir d'un monopole sur le commerce de Lille, et Boulogne en exercerait également un sur le commerce de Paris.

Le tracé que je propose, en favorisant loyalement

de distances presqu'égales les concurrences , me
semble le plus rationel.

SECTION III.

COMPARAISON DE CÉLÉRITÉ.

Les partisans de la ligne circulaire font valoir
que, dans leur tracé, la distance de Paris à la mer
est moindre et sera parcourue plus promptement.

Je m'empresse de le reconnaître pour la communication de Paris à l'un des deux ports, celui de
Boulogne ; mais non pour les communications avec
l'autre port, celui de Calais. La différence de distance n'est que de 7, 200 mètres. Ce dernier parcours exigerait un ralentissement de vitesse, par
la nécessité où l'on serait de prendre une locomo-
tive de renfort pour franchir des rampes excep-
tionnelles de 5 millièmes.

Le temps que l'on mettrait à parcourir la distance
qui sépare Paris de Calais, sera à peu près le même
dans les deux tracés.

Nons avons vu, dans le tableau qui a précédé, que
dans le système circulaire, Boulogne ne se trouve
qu'à 249,600 mètres de Paris, lorsque Calais , le
port le plus rapproché de Paris du système intérieur, s'en trouve éloigné de 291,200 mètres. La
différence est donc de 41,600 mètres, ce qui per-
mettrait de gagner une heure dans le trajet de Paris à la mer par le tracé circulaire. Ce n'est à mes

yeux que sous ce rapport que la ligne de ceinture possède un unique avantage sur la ligne intérieure.

Examinons-en l'importance.

J'ai indiqué, chapitre II, que pour traverser le détroit avec promptitude, on ne se servirait avec avantage du port de Boulogne que la moitié de l'année. On gagnerait alors, en adoptant le système circulaire, une heure et demie dans le trajet de Paris à Londres ou de Londres à Paris. Dans ce système, il faudrait une heure de moins pour parcourir la distance de Paris à la mer, et quand il serait possible de se servir du courant du détroit, la traversée par Boulogne serait encore raccourcie d'une demi-heure; mais si le courant devient contraire, et il le devient six mois de l'année, il faudrait perdre, en franchissant le détroit, l'heure qui aurait été gagnée en parcourant la distance qui sépare Paris de Boulogne, de manière qu'en se servant alors de la ligne intérieure et du port de Calais, on arriverait aussitôt soit à Londres, soit à Paris.

Cette plus grande célérité du tracé circulaire, pour franchir la distance qui sépare Paris de Londres, ne trouverait donc une application favorable en temps ordinaire que la moitié de l'année, et encore cette économie variable d'une heure et demie, ne sera pas essentiellement utile au plus grand nombre des voyageurs qui peuvent disposer de leurs momens. Je suis de l'avis de M. Michel Chevalier :

« Il est même presqu'indifférent de rester en

» route deux heures de plus ou de moins quand il
» s'agit d'un trajet tel que celui de Paris à Lon-
» dres, qui ne peut être effectué qu'une fois dans la
» journée ; tout ce qui est nécessaire alors, c'est
» que le voyage soit aisément praticable en temps
» ordinaire, entre le lever et le coucher du soleil,
» c'est à dire qu'alors quatorze heures et douze se
» valent. »

Le temps qu'il faudrait employer dans le système intérieur, en passant tantôt par Calais, tantôt
par Boulogne, pour franchir la distance qui sépare
les deux capitales Paris et Londres, sera de treize à
quatorze heures, savoir :

	h.	'		h.	'
Le trajet de Paris à Calais ou à Boulogne sera de. . . .	7	16	à	8	»
La traversée de la mer. .	3	30	à	3	40
Trajet de Douvres à Londres (96,000 mètres). . . .	2	20	à	2	20
Total.	13 h.	10 '	à	14 h.	

Si la vitesse que j'indique ne pouvait être atteinte
et que l'on ne pût parvenir dans l'un et l'autre système à franchir la distance de Paris à Londres en
un seul jour, alors l'avantage de célérité du tracé
circulaire disparaît ; car il importe fort peu d'arri-
ver de Paris une heure plus tôt à Boulogne, quand on

doit en perdre plusieurs au repos avant d'atteindre Londres.

Cette supériorité de célérité du tracé circulaire, dans les communications entre Londres et Paris, est aussi balancée par une autre supériorité de célérité du système intérieur sur le système circulaire, dans les trajets de Lille aux ports de passage de Boulogne et de Calais.

La ligne intérieure raccourcit la distance de Lille à Boulogne de 26,010 mètres, et celle de Lille à Calais de 10,410 mètres. Elle est aussi appelée à donner, comme on le verra dans la section suivante, une recette plus considérable que celle de la ligne circulaire, ce qui procurerait aux voyageurs une diminution de frais de déplacement.

SECTION IV.

COMPARAISON DES PRODUITS.

Les transports des personnes et des choses forment les produits des chemins de fer.

Comparons, sous ce rapport, les tracés discutés.

§ Ier. — *Produits de la mer.*

Examinons d'abord, en thèse générale, si un chemin de fer longeant les côtes de France serait utile. Nous ferons ensuite de nos observations une application au cas particulier qui nous occupe.

La mer, dit-on, est la plus grande, la plus riche des manufactures, etc., etc.

Cela est vrai; mais pour débarquer ce qu'elle amène, elle a besoin de points sûrs et commodes; toute la côte n'est pas propre au débarquement, un chemin le long de ces côtes est dès lors inutile; quelques points seulement en profiteraient, points aujourd'hui désignés par une agglomération d'habitans. Il suffit donc de les desservir pour avoir tous les produits de la mer. Ces ports ont pour but de recevoir et d'exporter les produits que le commerce échange.

Les ports sont-ils voisins? leurs produits sont à peu près les mêmes; ils se font concurrence; ils n'ont rien à s'envoyer les uns aux autres; ils reçoivent tout de l'intérieur et lui donnent les produits qui arrivent de la mer; les communications qui les unissent n'ont pas besoin d'être rapides. Un chemin de fer un peu plus long à parcourir doit leur importer peu : toutes leurs relations sont à l'intérieur du pays, qu'ils ont intérêt à voir couvert des communications les plus promptes et surtout les moins dispendieuses.

Les ports sont-ils éloignés? leurs échanges doivent se faire de préférence par mer. On commettrait une grande faute de leur procurer même un meilleur moyen de communication; ce serait au détriment du cabotage qui nous forme le plus grand nombre de nos meilleurs marins. Ainsi, en général, un chemin de fer longeant les côtes serait désavantageux.

On prétend qu'une ligne de fer, qui suivrait les bords de la mer, augmenterait le nombre des marins.

Les chemins de fer pouvant porter avec plus de rapidité une denrée qui, comme le poisson, s'altère promptement, la transmettra dans des villes plus éloignées, et créera, dans certaine localité, une consommation inconnue jusqu'à ce jour ; cette consommation augmentant, rendra plus rare et un peu plus cher le poisson dans les lieux où il se répand aujourd'hui ; ses habitans, qui jouissent maintenant de cette denrée, ayant à la payer plus chère, en restreindront l'usage ; ce qui contrebalancera en partie l'écoulement nouveau que l'on se sera procuré.

Si le prix de la marée ne s'élève pas dans les lieux de pêche, par quel motif le nombre de nos matelots augmenterait-il, puisqu'il est de notoriété publique que sur les côtes du Pas-de-Calais le poisson est acheté pour l'intérieur de la France aussitôt qu'il est sorti de la mer, et qu'il y est d'une telle valeur que les habitans en sont souvent privés et même obligés de se contenter du rebut ?

Si le poisson était aujourd'hui à bas prix dans nos ports, l'augmentation de ce prix serait un bien, il ne restreindrait pas alors la consommation dans les lieux où l'on fait un fréquent usage de cette denrée ; mais il n'en est pas ainsi ordinairement, les pêcheurs vendent à un taux très élevé le produit de leur pêche. Il est douteux que le poisson puisse augmenter de valeur dans les ports de mer.

Le pêcheur est, en général, peu à l'aise, parce que sa pêche est rarement abondante.

Que de fois, l'été dernier, ses soins et son adresse furent sans succès. La transparence de la mer, le calme des flots rendaient ses efforts infructueux, et ses filets, sur lesquels il fondait toutes ses espérances d'avenir, furent souvent retirés sans que sa pêche vînt l'indemniser d'un pénible travail.

L'état de pêcheur est non seulement peu lucratif, mais il est rude, et s'il se transmet de père en fils, il ne fait guère de prosélytes parmi ceux qui préfèrent une profession différente de celle de leur père.

Le nombre de nos marins pêcheurs ne peut donc augmenter qu'avec la loi de croissance des populations, c'est à dire très lentement.

Il serait important de s'informer si en Angleterre et en Belgique les chemins de fer aboutissant au rivage de la mer, ont accru d'une manière sensible le nombre des pêcheurs.

L'on m'a assuré que les environs d'Ostende n'avaient retiré, sous ce rapport, nul avantage du chemin qui y prend naissance.

La marine n'obtiendrait aucun résultat du chemin de fer qui longerait les côtes. Si ce chemin augmentait le nombre des marins pêcheurs, il diminuerait celui des marins employés au cabotage, qui, indépendamment des marins qu'il forme, procure les échanges de marchandises si précieux pour notre commerce.

Les observations qui précèdent trouvent leur application dans l'examen des produits des systèmes de voies de fer que nous comparons.

Le tracé intérieur est loin de négliger les produits qui arrivent de la mer. Il aboutit à Boulogne, à Calais et à Dunkerque. Le port d'Étaples, qui ne se trouve qu'à 24 kilomètres de Boulogne, en est trop rapproché pour ne pas utiliser le chemin qui parvient à Boulogne.

Ainsi, d'Étaples à Dunkerque, les produits de cette côte sont acquis au système intérieur comme au système circulaire. Le tracé intérieur néglige seulement Cucq, Merlimont, Berck, St-Valéry, Le Crotoy et Cayeux. Les trois derniers ont des ports sans importance dont les marchandises pourraient plus économiquement et en ligne droite atteindre le chemin de fer à Amiens par la rivière canalisée de la Somme.

Les seuls produits de leur pêche s'écouleraient vers Paris par la portion de la voie circulaire qui longe la Somme.

Cette pêche n'est point aujourd'hui importante, et la faible population de ces lieux ne pourrait donner l'espérance d'une augmentation notable de marins.

D'après l'extrait suivant du registre du contrôle de

vente en gros de la marée à Paris pendant l'année 1841, leurs marées réunies ne sont que de 11,945 charges de 80 kilogr., représentant 5,973 voyageurs allant à Amiens et retournant à ces ports.

Certes la pêche de Dunkerque, ville de vingt-cinq mille âmes, qui n'a expédié en 1841 pour Paris que 56 charges de poisson de 80 kilogrammes, obtiendrait, par le tracé intérieur qui le rapproche de Paris, un encouragement bien autrement utile et profitable pour nos marins que celui donné aux ports désignés plus haut que protège au delà de leur importance le tracé circulaire.

La pêche de Dunkerque pourrait faire une concurrence efficace à celle de Boulogne et de Calais dans l'approvisionnement de la marée de Paris, puisque ces trois ports ne se trouvent éloignés de cette ville que d'une différence de quelques kilomètres.

Extrait du registre du contrôle de vente en gros de la marée de Paris pendant l'année 1841.

	56 charges de 80 kilog.
Dunkerque.	
Gravelines.	1,550 —
Calais et Wissant.	5,969 —
Boulogne.	59,281 —
Etaples.	2,125 —
Curq, Merlimont, Berck, Le Crotoy.	10,162 —
Saint-Valéry-sur-Somme.	658 —
Cayeux.	1,125 —

Le tableau qui précède de la marée de Paris, assigne à Dunkerque, à Gravelines et à Calais un faible produit de pêche, parce qu'ils en expédient la plus grande partie vers Lille.

Les renseignemens pris à ce sujet par M. Vallée, et consignés dans son exposé d'études de chemins de fer, indique sur la route de Lille :

Partant de Dunkerque.	20,000 charges de 80 kilog.
Id. de Calais.	18,000 —

En ajoutant ce renseignement au précédent, nous aurons donc par année :

Pêche de Boulogne.	59,281 charges de 80 kilog.
Id. de Calais.	23,969 —
Id. de Dunkerque.	20,036 —

représentant autant de voyageurs partant de ces villes, ou la moitié avec retour.

Nous avons établi que le produit de la pêche de ces ports est acquis à l'un comme à l'autre système de chemin de fer; mais la ligne intérieure procurant, ainsi que nous le verrons, des tarifs de frais de transport moins élevés que ceux de la ligne circulaire, le système intérieur permettra de vendre le poisson à meilleur compte, ce qui tendrait à accroître la consommation, en supposant que la pêche devint plus productive; et si le nombre de nos marins pouvait être augmenté, la voie de fer intérieure donnerait plus sûrement ce résultat que ne pourrait le procurer celle de ceinture.

§ II. — *Produits de l'intérieur.*

Aux extrémités de tout chemin de fer, lieux où se groupent habituellement de nombreuses populations, les recettes sont moins considérables que celles que l'on obtient des parties intermédiaires de ce même chemin.

M. Minard, inspecteur divisionnaire des ponts-et-chaussées, a mis cela en évidence dans le tableau suivant :

1° *En France, les localités intermédiaires fournissent :*

Long. des chemins.		De la recette totale.
29,800ᵐ	De Paris à Corbeil.	0,40
58,000	De Lyon à Saint-Étienne.	0,69
27,000	De Givors à Saint-Chamond.	0,85

2° *En Belgique, les localités intermédiaires produisent :*

114,300	De Bruxelles à Liége.	0,66
44,000	De Bruxelles à Anvers.	0,57
48,700	De Bruxelles à Gand.	0,62
28,000	De Gand à Malines.	0,65
54,000	De Gand à Louvain.	0,80

122,000	De Gand à Liége.	0,90
52,000	De Gand à Anvers.	0,75
117,800	D'Anvers à Liége.	0,75
42,000	De Louvain à Waremmes.	0,91

3° *En Angleterre, les localités intermédiaires donnent :*

| 148,000 | De Londres à Southampton. | 0,79 |

Il est à remarquer que la recette moyenne de toutes ces voies, parmi lesquelles il s'en trouve de très courtes, est de 71 pour cent de la recette totale, et la recette moyenne des parties intermédiaires des quatre chemins, qui, telle que la ligne du littoral de la Manche, ont plus de 100 kilomètres de longueur, est de 77 pour cent, ce qui donne plus des trois quarts des recettes totales.

Ces résultats sont très significatifs, et les faits sont trop nombreux pour qu'on puisse douter de leur exactitude.

Il est donc de toute utilité d'établir des lignes de fer sur des sols riches, toujours populeux, puisque leurs nombreux habitans font la fortune de ces chemins.

Comparons, sous le rapport des populations et des produits du sol, les réseaux de chemin de fer soumis à notre examen.

Populations.

Messieurs les délégués des villes de Calais, Saint-Omer, Aire, Béthune et Arras, ont justifié de la comparaison des populations de zones de 12 kilomètres (trois lieues), prises de chaque côté des lignes en discussion.

Il résulte de cette comparaison que la ligne de Calais à Arras comprend une population de 360,769 habitans, qui fournit 3,303 habitans par kilomètre de chemin, tandis que la ligne d'Amiens à **Boulogne** par Abbeville n'a que 227,003 habitans, qui n'en donne que 1,807 par kilomètre.

Le rapport des populations de ces lignes est de 33 à 18 par kilomètre. Or, la population du kilomètre de la ligne intérieure est presque double de celle du kilomètre de la ligne circulaire. On peut aussi en conclure que le nombre de voyageurs que donneront les sections de chemins du système intérieur, sera par kilomètre double de celui des sections du système circulaire.

Produits du sol.

La ligne circulaire longe les bords de la Somme, passe à Abbeville, en parcourant un pays fertile, mais dont les produits n'emprunteraient qu'une minime section de chemin de ce système. Les bénéfices de leurs transports ne seraient point assez considérables pour permettre d'abaisser les tarifs des autres portions de cette ligne situées moins heureusement.

De l'embouchure de la Somme à Boulogne, la côte est aride, le sol stérile et dépeuplé !

De Boulogne à Calais, le terrain est très accidenté. Que de frais de traction pour gravir ces rampes rapides et inévitables !

De Calais à Dunkerque, que rapporterait une ligne de fer ?

La ville de Dunkerque n'en retirerait aucun avantage. Elle n'a point, avec Calais, de relations commerciales, et ce n'est pas sur cette route que s'établiraient ses communications avec Paris, puisqu'en empruntant la ligne du Nord par Lille et Arras, le trajet d'Amiens à Dunkerque est moins long. De quels points lui proviendraient donc ses recettes ?

Le réseau intérieur de chemins de fer répandrait au contraire des produits immenses.

Qui n'admire le pays d'Artois ; les environs si riches, si fertiles de Béthune, d'Aire et de Saint-Omer, ainsi que la féconde plaine de l'Ardresis, qui verrait accroître sa prospérité par la nouvelle direction sur Calais du chemin de fer, placé sur les hautes terres, sans canaux à leur service pour répandre leurs abondantes productions.

M. Délebecque, dans un rapport au conseil général du département du Pas-de-Calais, a démontré, avec une rare justesse d'aperçu, tous les avantages qu'offrent ces riches contrées, et dans ce rapport il a mis dans toute son évidence la supériorité manifeste du tracé intérieur.

SECTION V.

COMPARAISON DES TARIFS.

Les tarifs sont destinés par leurs taxes à couvrir les frais d'entretien des chemins de fer, ceux de locomotion, les bénéfices de l'exploitant, les intérêts du capital employé, ainsi qu'un fonds d'amortissement de ce capital.

Plus les produits de ces chemins seront considérables, plus il sera possible d'abaisser les tarifs pour obtenir le même revenu, et plus alors les pays traversés s'enrichiront par des transports moins coûteux. Toutes les sources du Trésor en deviendront plus productives. Les recettes publiques s'accroîteront en proportion de la diminution des tarifs, et l'Etat commettrait une faute grave en laissant établir des tarifs élevés; notre prospérité en pourrait souffrir, et l'État perdrait plus sur ces différentes perceptions que ne lui rapporterait le péage imposé. Il doit donc accorder la préférence aux lignes de fer qui donnent l'espoir d'un revenu considérable et surtout très prochain.

Le gouvernement prêtera la plus grande atten-

tion à la manière avec laquelle on fixera les tarifs.

Voyons quels sont ceux qu'il conviendrait d'établir sur l'une et l'autre ligne du littoral de la Manche.

Supposons que le nombre 6 représente par kilomètre les recettes des parties intermédiaires du
chemin d'Arras à la mer. Nous avons vu qu'en général elles formeraient les 3/4 de la recette totale.
La recette des extrémités que l'on devra ajouter par
kilomètre à celle intermédiaire sera donc représentée par le chiffre 2 ; la recette totale de cette ligne par kilomètre sera par conséquent représentée
par le chiffre 8.

Prenons actuellement la ligne circulaire d'A-
miens à Boulogne.

Les populations qui bordent cette ligne sont, par
kilomètre, moitié moindres que celles qui avoisi-
nent la ligne d'Arras à la mer. Nous pouvons sup-
poser que les recettes intermédiaires seront en rapport avec ces populations. La recette de la partie
intermédiaire d'Amiens à Boulogne sera donc, par
kilomètre, moitié moindre que celle d'Arras à Calais, que nous avons représentée par le chiffre 6.
Cette recette sera fixée par le nombre 3.

Supposons maintenant que la recette des extrémités de cette ligne, au lieu d'être le tiers de la
recette intermédiaire, soit plus considérable que
ce tiers, et soit par kilomètre égale à celle de l'autre ligne. Nous aurons encore le nombre 2 à ajou-

ter, et la perception entière de cette ligne par kilo-mètre sera représentée par le chiffre 5.

Ainsi, les recettes des deux lignes que nous com-parons seront, par kilomètre, dans le rapport de 8 à 5.; ou, en d'autres termes, lorsqu'il y aura 8 voyageurs sur la première ligne, il y en aura cinq sur l'autre. Ce rapport peut également servir à fixer les recettes des différentes sections de chemins de fer des systèmes que nous comparons.

Prenons pour exemple le même trajet de Bou-logne à Amiens, dans l'un et l'autre système, et cherchons quels tarifs on pourrait établir sur ces routes pour que les bénéfices fussent les mêmes.

Partons de cette allégation, que la ligne inté-rieure, qui a tant de rapport avec le réseau de che-mins de fer de Belgique par la similitude des pays qu'elle traverse, devrait avoir un tarif semblable au tarif belge. Le tarif des moindres places en Belgi-que est de 0 f., 027 par kilomètre, et la dépense y est de 0 f., 0135.

Dans la supposition que nous avons faite plus haut de 8 voyageurs sur cette route, la recette serait par kilomètre de 8 × 0 f., 027, et pour toute la route qui est de 186 kilomètres, de 8 × 0 f., 027 × 186.

Voyons quelle serait aussi la dépense :

La dépense par kilomètre serait de 8 × 0 f., 0135

et la dépense totale de la route de 8×0 f., 0135×186.

Les bénéfices de cette route étant l'excédant de la recette sur la dépense, seront donc de

$$8 \times 0 \text{ f.}, 027 \times 186 - 8 \times 0 \text{ f.}, 0135 \times 186.$$

Cherchons aussi les bénéfices que donnerait la ligne circulaire dans le trajet d'Amiens à Boulogne. Soit x le prix par kilomètre de la place du tarif de ce chemin.

La supposition que nous avons admise, qu'il y aurait sur cette route 5 voyageurs par kilomètre, lorsque sur l'autre il y en a 8, nous donne pour la recette, par kilomètre, $5\,x$, et pour la recette totale $5\,x \times 125$ k., 6, longueur entière du trajet.

Admettons que la dépense par kilomètre et par voyageur soit la même sur les deux routes, c'est à dire de 0 f., 0135 par voyageur, supposition toute à l'avantage de la ligne circulaire, car évidemment cette dépense sera plus considérable, les routes étant d'inégales longueurs, la dépense par kilomètre et par voyageur devrait être plus forte sur la plus courte.

Nous avons, pour la dépense de la ligne circulaire, par kilomètre 5×0 f., 0135, et pour la dépense de toute la ligne 5×0 f., 0135, $\times 125$ k., 6.

Retranchant la dépense de la recette, le bénéfice sur cette ligne sera

$$5\,x \times 125 \text{ k.}, 6 - 5 \times 0 \text{ f.}, 0135 \times 125 \text{ k.}, 6.$$

Voulant que les bénéfices fussent égaux sur les deux lignes, nous aurons donc l'équation

$$8 \times 0 \text{ f., } 027 \times 186 \text{ k., } - 8 \times 0 \text{ f., } 0135 \times 186 \text{ k.,}$$
$$= 5 \, x \times 125 \text{ k., } 6 - 5 \, x \times 0 \text{ f., } 0135 \times 125 \text{ k., } 6.$$

Tirant de cette équation la valeur d'x, nous trouverons

$$X = 0 \text{ f., } 0454.$$

Ainsi, le gouvernement pourrait conserver les mêmes bénéfices, en établissant, sur la ligne intérieure d'Amiens à Boulogne, par Arras, un tarif de 0 f., 027 le kilomètre par voyageur, et un autre tarif de 0 f., 045 par kilomètre sur la route d'Amiens à Boulogne par Abbeville.

Le voyageur allant d'Amiens à Boulogne n'aurait à payer par Arras que 5 f. 02, lorsqu'il devait dépenser par Abbeville 5 f. 65.

L'adoption de la ligne intérieure n'occasionnerait pas une augmentation de dépense aux voyageurs de Boulogne. Les plaintes de cette ville à cet égard ne sont donc nullement fondées.

CHAPITRE V.

Considérations générales, résumé et conclusion.

SECTION Ire.

CONSIDÉRATIONS GÉNÉRALES.

Je ne crois pas nécessaire de démontrer quels seraient, pour la défense de l'État, les nombreux avantages du système intérieur qui relie entre elles toutes les places fortes du nord de la France.

Également, je ne rappellerai pas les heureux effets qui doivent résulter de l'adoption de ce système sous le rapport du transit sur le territoire français, des marchandises étrangères. Les ports de Calais, de Boulogne et de Dunkerque deviendraient rivaux de ceux d'Ostende et d'Anvers.

Des mémoires spéciaux ont traité ces matières.

Est-il besoin de faire observer au gouvernement, qui a pu juger des inconvéniens attachés à la rivalité des deux chemins de fer des rives de la Seine, qu'il doit se prémunir contre un pareil résultat.

Ici, plus que partout ailleurs, l'inconvénient grave du partage sur deux lignes des nombreux voyageurs qui circulent de Paris à Londres, se ferait sentir, et cela aux dépens des populations qui ne pourraient plus jouir des avantages de modiques frais de transport.

Si le gouvernement adoptait le chemin d'Amiens à Boulogne par Abbeville et celui de Lille à Calais par Saint-Omer, nul doute que la compagnie qui obtiendrait l'exploitation de ce dernier chemin ne créât à ses dépens la section de chemin d'Aire à Arras. Une concurrence fâcheuse s'établirait alors dans les communications de Paris à Londres, et le partage des voyageurs sur les deux routes occasionnerait la ruine de la ligne d'Amiens à Boulogne par Abbeville, à laquelle le gouvernement doit refuser son appui ; car elle est destinée à périr, dominée qu'elle sera par la ligne inévitable de Calais à Arras qui pourra toujours transporter les voyageurs à meilleur compte.

La ville de Boulogne oublierait la sécurité de

son avenir en insistant pour obtenir le chemin qu'elle sollicite et que repoussent les intérêts généraux.

Je fais ici un appel sérieux à ses besoins mieux appréciés. La prospérité de Boulogne repose sur le séjour d'étrangers que l'engoûment pour une autre ville peut éloigner. Cette ville doit chercher par tous les moyens possibles à les attirer et à les fixer dans ses murs.

La ligne intérieure n'offre-t-elle pas, et avec moins de dépenses, aux visiteurs qui s'arrêtent à Boulogne, les mêmes facilités de transport vers Paris ? N'obtiennent-ils pas, vers Bruxelles, des communications que la ligne de fer par Abbeville ne leur donnerait que par un long circuit ? Les défenseurs de Boulogne, en se ralliant à la ligne intérieure, évitent une concurrence ruineuse pour le tracé par Abbeville.

Cette ville rencontre, à une courte distance, les canaux de Guines qui peuvent lui servir à transporter, dans tout le Nord, les arrivages de son port, et à tirer de ses riches contrées des produits qui, joints à ceux des mines et des carrières du bas Boulonnais, composeraient la cargaison des vaisseaux qui abordent son rivage.

Les canaux assurent aux ports de mer une solide prospérité, et la ligne intérieure peut seule procurer au commerce de Boulogne ces moyens économiques de navigation. Or, la ligne que j'indique présente à la ville de Boulogne un avantage certain dans le présent et l'avenir, et répond, d'une manière plns sûre, aux besoins d'un commerce étendu.

SECTION II.

RÉSUMÉ ET CONCLUSION.

L'on a pu voir :

Que le chemin de fer de Paris au littoral de la Manche devrait communiquer aux ports de Calais et de Boulogne, afin d'assurer des communications journalières et rapides entre la France et l'Angleterre ;

Que le nouveau tracé proposé remédiait aux défectuosités des systèmes présentés jusqu'à ce jour;

Qu'il ne suffisait pas de lier Paris à la mer; qu'il fallait y joindre Lille, cité commerçante et l'entrepôt du nord de la France ;

Que la ligne intérieure avait 43 kilom. de moins à construire que celle qui lui est opposée, ce qui constitue une économie de 19,780,000 fr. ;

Que les ports de Calais et de Boulogne étaient à inégale distance de Paris; et que, par le tracé proposé, la différence n'est que de 18,800 mètres, tandis que par le système circulaire elle est de 34,400 mètres ;

Que la différence entre les distances des ports de Calais et de Dunkerque à Lille, était de 1,430 mètres avec le système intérieur, lorsqu'avec la ligne circulaire cette différence se trouvait être de 38,800 mètres ;

Que le système intérieur établissait des concurrences utiles sur la direction de Paris, entre Calais, Dunkerque et Boulogne, lorsque le système circulaire favorisait cette dernière ville d'un monopole ;

Que le tracé intérieur faisait naître aussi des concurrences entre Dunkerque, Calais et Boulogne, sur la direction de Lille, quand la ligne circulaire maintenait un monopole en faveur de Dunkerque ;

Que cette dernière ligne n'a qu'un seul avantage, celui d'abréger la distance de Paris à la mer de 41,600 mètres, avantage qui rapproche Paris de Londres d'une heure et demie, mais tout au plus la moitié de l'année, en occasionnant aux voyageurs la même dépense ; ce que compense, sous le rapport de la célérité, le système intérieur, qui place Lille plus près de Boulogne de 26,010 mètres, et plus près de Calais de 10,410 mètres, le tout en diminuant les frais de transport ;

Que le transport des produits de la pêche ne sera pas plus considérable sur une ligne que sur l'autre, puisque la pêche de Cucq, Merlimont, Berck, St-Valéry, Le Crotoy et Cayeux, qui ne fournissent par année que 11,945 charges de poisson, sera balancée par l'augmentation de la pêche de Dunkerque;

Que l'adoption de l'un ou de l'autre système est sans influence sur la prospérité de notre marine;

Que la ligne intérieure traversant des pays plus riches, deux fois peuplés comme ceux que traverse la ligne circulaire, donnera des recettes considérables, et procurera à l'État la perception très prochaine d'une augmentation de tous les impôts, en offrant aux voyageurs une moindre dépense de frais de transport;

Que le gouvernement devait prévoir et empêcher une concurrence fâcheuse dans les communications entre Paris et Londres;

Que la ligne intérieure répondait d'une manière plus sûre aux besoins du commerce plus étendu de la ville de Boulogne;

Enfin, *en temps de guerre*, la ligne intérieure aidera puissamment à la défense de l'État, tandis que l'autre ligne ne serait d'aucune sauvegarde.

La première de ces lignes peut encore compter sur de constans bénéfices, quand la ligne circulaire, en me servant de l'expression de M. Delbecque, ne montrerait, sur les deux tiers de son parcours, que des rails chargés de rouille.

En temps de paix, la ligne intérieure proposée assure la réunion et la fusion de tous les intérêts, même de ceux de la ville de Boulogne, et consolide la prospérité toujours croissante du pays.

D'après ces considérations, le tracé intérieur proposé doit obtenir le choix du gouvernement.

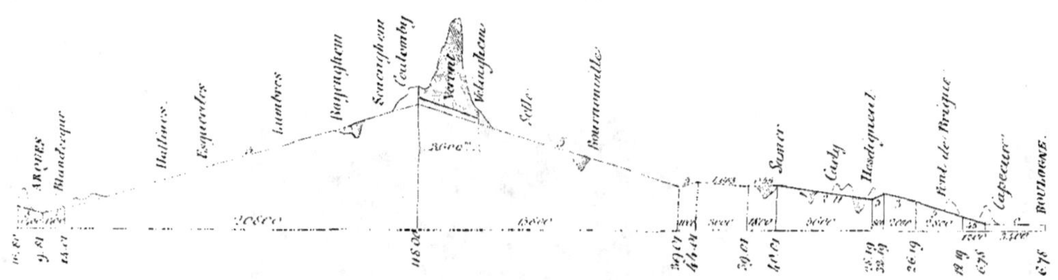

Longueur totale 61000 Mètres.

LIGNE D'ARQUES À BOULOGNE par la vallée.

Échelle des Longueurs des profils Fig 2 et 3.

Kilomètres.

Échelle des hauteurs.

Mètres

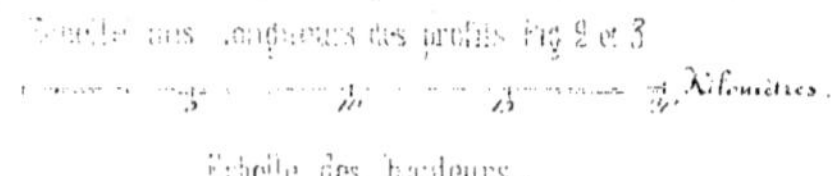

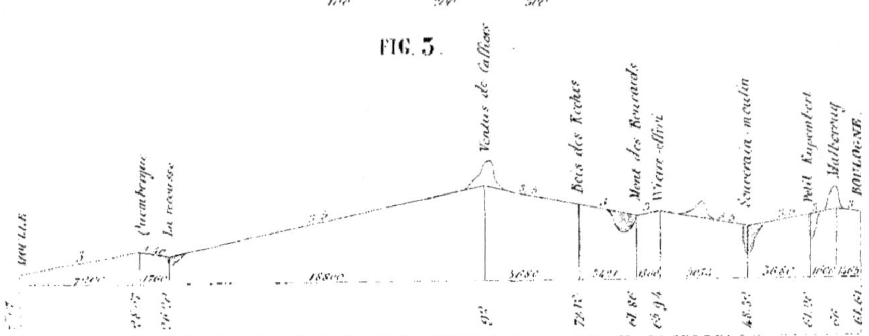

Longueur totale 50000 Mètres.

PROFIL FIGURATIF DE LA LIGNE DE MOULLE à BOULOGNE.